RÉFLEXIONS

Sur les Assignats & sur la liquidation de la dette exigible ou arriérée, lue à la Société de 1789, le 29 Août 1790; par M. LAVOISIER, Député Suppléant du Bailliage de Blois.

DANS ce moment, où la rentrée d'une partie des revenus de l'État est suspendue, où le Trésor public, indépendamment des dépenses courantes & des intérêts dont il est chargé, est encore obligé de faire face à une dette arriérée dont l'objet est effrayant ; l'État, vous le savez, Messieurs, n'a d'autre ressource que la vente des Domaines Nationaux. Mais s'il y a nécessité de vendre pour payer, il y a aussi nécessité de payer pour qu'on puisse acheter. Ainsi dans toutes les opinions, dans tous les systèmes, on convient que l'État ne peut se libérer que par l'échange des titres de créance de la dette arriérée, contre des Domaines Nationaux : on ne varie que dans la forme dans laquelle il est le plus avantageux de faire cet échange, & à proprement parler, il

A

eſt queſtion de décider qui aura l'initiative du débiteur ou du créancier.

Dans cet état de la queſtion, deux plans principaux ſont propoſés.

Le premier conſiſteroit à admettre pour comptant dans l'acquiſition des Domaines Nationaux, tous les titres de créance de la dette arriérée, ſans changer la nature de ces titres, & ſans les convertir, ni en quittances de finance, ni en papier-monnoie.

Le ſecond plan conſiſteroit à créer une ſomme d'aſſignats égale au montant de la dette exigible; de deux milliards par exemple; à leur donner cours de papier-monnoie, & à les employer comme tels au rembourſement de l'exigible & de l'arriéré : ils ſeroient enſuite retirés ſucceſſivement de la circulation par la vente des Domaines Nationaux, & brûlés d'après des formes indiquées.

Je cherche à préſenter ici ces deux plans dans leur plus grand état de ſimplicité, en écartant toute queſtion incidente; mon objet eſt de diſcuter enſuite les divers amendémens & les modifications dont ils me paroiſſent ſuſceptibles.

Avant de prononcer entre ces deux propoſitions, il eſt néceſſaire d'en bien ſentir la portée & les effets; d'en calculer les avantages, les inconvéniens & les difficultés : il eſt néceſſaire ſur-

tout de bien connoître quelles font les données
du problême ; car ce n'eft pas un réfultat hypo-
thétique que nous demandons, ce n'eft point une
queftion métaphyfique que nous nous propofons
de réfoudre ; nous cherchons au contraire une
folution réelle & qui foit applicable aux circonftances dans lefquelles nous nous trouvons.

Comme tous les plans quels qu'ils foient ne
peuvent rouler que fur un même pivot, la vente
des Domaines Nationaux, il feroit bien impor-
tant de connoître avant tout quelle en eft la valeur
& le montant. Quoique je n'aie à offrir que des
évaluations très-vagues ; cependant comme je ne
fache pas que perfonne ait à cet égard des
réfultats plus pofitifs, je me permettrai de hafar-
der mes réflexions.

Les évaluations qui, jufqu'à ces derniers tems,
ont été données aux revenus Eccléfiaftiques, ont
varié depuis 110 millions jufqu'à 180 ; je n'ai
pas connoiffance qu'aucun Écrivain foit parvenu
à établir, même fur des probabilités, qu'ils
excédâffent cette fomme : je me crois donc fondé
à conclure, qu'avant la deftruction de l'Ordre
du Clergé, le capital de fes biens n'excédoit
pas quatre milliards.

Ce capital a été atténué & fucceffivement
diminué :

1°. Par la suppression des dixmes, qui entroient à-peu-près pour moitié dans les revenus Eccléfiastiques.

2°. Par la suppression des droits de péage & autres qui ont été abolis sans indemnité.

3°. Par la réserve des forêts; réserve très-sage, susceptible, peut-être, de quelques modifications; mais sans laquelle il ne pourroit subsister dans le Royaume aucune forêt de haute-futaye. Cet article, Messieurs, est d'un objet beaucoup plus considérable qu'on ne le croit communément; il suffit d'avoir parcouru celles de nos Provinces qui sont couvertes de bois, pour savoir que la majeure partie des grandes forêts appartiennent à des Communautés Religieuses.

Enfin les droits de mutation & ce qui reste des droits féodaux sont destinés à périr en peu d'années entre les mains des propriétaires : ceux de cens & rentes s'anéantiront insensiblement par la défuétude, par le défordre des chartriers, par la difficulté, & par les frais de la perception.

Pesez, Messieurs, toutes ces causes de diminutions, & vous conviendrez que le capital des Biens Nationaux doit être réduit des deux tiers.

Les mêmes réflexions s'appliquent aux Domaines qui, ci-devant, appartenoient au Roi :

(5)

ils font également diminués par la réferve des forêts, par un grand nombre de droits fupprimés, par l'extinction inévitable de beaucoup d'autres. Je crois donc pouvoir affurer avec beaucoup de probabilité, que les Domaines Nationaux fufceptibles d'être mis en vente ne repréfentent pas un capital de plus de 1800 millions. J'avoue même que je ne le porte à cette fomme que pour me rapprocher des opinions que je combats, & pour prévenir les objections.

Mais, Meffieurs, ce feroit vous abufer que de croire que la totalité de cette fomme fût difponible.

L'Affemblée Nationale a créé en Avril dernier pour 400 millions d'affignats, & elle a affecté une fomme pareille de biens Domaniaux pour leur rembourfement, ci............ 400 millions.

Elle aura befoin, d'ici au premier Mai de l'année prochaine, pour achever de rembourfer les anticipations, pour remplacer le vuide des impôts, pour faire face aux armemens décrétés par l'Affemblée Nationale d'une fomme extraordinaire de........... 250
____
.650 millions.

A 3

De l'autre part . . . . . .   650 millions.

On ne doit pas s'attendre que les impôts qui feront déterminés pour l'année prochaine, feront aussi-tôt établis que décrétés ; on ne peut pas même efpérer qu'ils puiffent être levés en totalité : je puis donc, fans exagération, compter encore pour cet article, fur un déficit de 100 millions pour les huit derniers mois de 1791, ci   100

Total. . . . .   750 millions.

Défalquant cette fomme de . .   1800

Il ne refte plus de difponible qu'un milliard cinquante millions, ci . . . .   1050 millions.

Vous ferez effrayés, Meffieurs, de voir qu'un capital qui étoit de quatre milliards lorfque la Nation s'en eft mife en poffeffion, s'eft réduit à un milliard dans un intervalle de tems auffi court : & peut-être regretterez-vous qu'un moment d'enthoufiafme ait engagé l'Affemblée Nationale à renoncer à la dixme, dont le rachat auroit si efficacement contribué au rétablissement des affaires, & à l'extinction de la dette publique.

Quel que soit au surplus votre opinion, MM.; sur cet objet, toujours est-il certain que si le capital des Domaines Nationaux dont il reste à disposer, ne s'élève pas à plus d'un milliard cinquante millions; s'il est possible même que cette évaluation soit exagérée, la prudence ne permet pas de mettre en émission, je ne dis pas pour deux milliards d'assignats, mais même pour un milliard; car vous concevez que si l'évènement venoit à prouver qu'une partie des assignats portent à faux, que si on pouvoit même le soupçonner, tout crédit seroit anéanti.

Je n'ignore pas & je ne sais que trop bien que l'opération qu'on vous propose fera hausser considérablement la valeur des Domaines nationaux; mais cette hausse apparente de toutes les valeurs ne prouvera rien autre chose, comme je l'établirai bientôt, sinon le discrédit de l'assignat; & quand vous rembourserez une dette avec un effet discrédité, avec un effet en perte, vous ferez réellement banqueroute de tout ce dont il sera au dessous du pair.

Je pourrois, Messieurs, vous présenter des

bafes un peu plus certaines, fur le montant de la dette exigible ou arriérée, je les puiferois dans le rapport fur la dette publique, fait au nom du Comité des Finances, le 27 Août dernier, par M. de Montefquiou. L'Etat qui fe trouve à la page 7 de ce rapport l'évalue à 1,902,342,632 liv. Mais fi j'entreprenois de difcuter toutes les parties de cet Etat, je tomberois dans des détails exceffivement longs qui me détourneroient de mon objet : j'obferverai donc feulement que le Comité des Finances regarde comme exigibles des objets qui ne le font pas; ou du moins, ne le feront qu'à des époques éloignées; qu'une partie de la dette du Clergé fe trouve déjà confondue avec la dette de l'Etat; que ce feroit être plus que jufte, dans la fituation actuelle où fe trouvent les Finances, que de rembourfer fur le pied des capitaux originaires, des rentes qui ont été confidérablement réduites, & qui depuis cinquante ans fe négocient dans le public & s'évaluent dans les partages de famille, non d'après le taux d'intérêt dont ils ont joui dans l'origine, mais d'après celui dont ils jouiffent aujourd'hui : qu'il n'y a pas de motif d'être plus jufte envers les créanciers du Clergé qu'envers tous les créanciers de l'Etat, & que toutes les dettes eccléfiaftiques fe trouvant

garanties par la Nation & hypotéquées fur toutes
fes propriétés territoriales, même fur les Domaines eccléfiaftiques, dans quelques mains qu'ils
paffent, leur fort eft affuré.

J'ajouterai que rien n'oblige à fuppofer rembourfables dans ce moment des emprunts dont
les termes d'exigibilité font encore éloignés,
tels que l'emprunt de 125 millions, & plufieurs
autres; & qu'il ne feroit pas prudent d'appeller
fur le moment actuel tout l'embarras qui doit
fe reporter & fe répartir fur quinze & vingt
années fucceffives.

Enfin j'obferverai relativement aux Offices
comptables, aux rembourfemens des cautionnemens & des fonds d'avance des compagnies de
Finance, qu'aucun de ces engagemens ne font
liquides, ni même exigibles à des époques très-
prochaines. Que les Offices comptables & les
cautionnemens ne feront rembourfables qu'après
l'apurement des comptes; qu'il en eft de même,
jufqu'à un certain point, des fonds d'avance
des Compagnies de finance, qui font le cau-
tionement de leur geftion, & que dans le
nouvel ordre des chofes qui fera établi pour
la perception des impôts, il fera prudent,
il fera indifpenfable même d'exiger des Ad-
miniftrateurs qui feront créés, un cautionne-

ment quelconque, moins confidérable fans doute que ceux actuels, mais qui fera employé à rembourfer une partie des anciens fonds d'avance.

Je n'entreprendrai pas de donner une valeur à toutes les réductions auxquelles ces réflexions pourroient me conduire ; elles font fufceptibles de quelqu'arbitraire, & l'Affemblée Nationale peut feule prononcer : mais je crois très-poffible fi l'Affemblée Nationale en témoigne la volonté de réduire à un capital de 1200 millions, l'exigible & l'arriéré proprement dit , & de reporter le furplus fur des époques moins embarraffantes & moins difficiles. Je partirai donc de cette fuppofition : mais que la dette arriérée ou exigible monte à 1200 millions, quelle monte à 1500, les calculs que je donnerai font également applicables à l'une & à l'autre de ces hypothèfes.

Maintenant que je fuis parvenu à établir quelques bafes ; je paffe à la difcuffion des deux plans propofés pour la liquidation de la dette exigible & arriérée, & j'examine d'abord quels feroient les effets d'une émiffion de deux milliards d'affignats.

Qu'on me permette, avant de prendre aucune opinion fur cet objet, de tranfcrire ici littéralement quelques passages d'un Discours de M. Hume sur la balance du commerce.

» Supposons (dit ce Philosophe Anglois) que » les trois quarts de tout l'argent de la grande » Bretagne fussent anéantis en une nuit & qu'à » cet égard la Nation fût réduite à la même con- » dition qu'elle étoit sous le règne des Henris » & des Edouards : quelle en seroit la consé- » quence ? Le prix du travail & des denrées ne » tomberoit-il pas à proportion, & chaque » chose ne seroit-elle pas à aussi bon marché » qu'elle l'étoit de ce tems-là ? Quelle Nation » pourroit alors nous le disputer dans le com- » merce avec l'étranger, ou prétendre de navi- » guer ou de vendre le produit de ses Manufac- » tures au même prix qui nous apporteroit un » profit suffisant ? En combien peu de tems donc » cet avantage ne nous feroit-il pas revenir tout » l'argent que nous aurions perdu ; ce qui nous » mettroit alors de niveau avec toutes les Na- » tions voisines. A peine y serions-nous arrivés » que nous perdrions de nouveau cet avantage » du bon marché du travail & des commodi- » tés : ainsi le flux d'argent qui nous arriveroit » de l'étranger seroit arrêté par notre plénitude » & notre réplétion.

» Je suppose encore (continue M. Hume)

» que tout l'argent de la Grande-Bretagne vînt
» à quadrupler dans une nuit ; l'effet contraire
» n'arriveroit-il pas néceſſairement ? Ne faudroit-
» il pas que tout le travail & les commodités
» montaſſent à un prix ſi exhorbitant qu'aucune
» Nation ne ſeroit en état d'acheter de nous ,
» tandis que de l'autre côté leurs commodités
» deviendroient à ſi bon marché, en compa-
» raiſon des nôtres, qu'en dépit de toutes les
» loix que l'on pourroit faire, elles entreroient
» chez nous, & que notre argent en ſortiroit
» juſqu'à ce que le niveau avec l'étranger fût
» rétabli, & que nous euſſions perdu cette gran-
» de ſupériorité de richeſſes qui nous auroit
» expoſé à ces déſavantages «.

 » Il eſt donc évident que les mêmes cauſes
» qui corrigeroient ces inégalités exhorbitantes,
» ſi quelque miracle venoit à les produire,
» doivent les empêcher d'arriver dans le cours
» ordinaire de la nature , & conſerver habi-
» tuellement entre les nations voiſines un équi-
» libre de numéraire, proportionné à l'art & à
» l'induſtrie de chaque peuple «.

 Ces principes de M. Hume ſont de toute évi-
dence ; c'eſt le premier cathéchiſme de l'admi-
niſtration : faiſons-en l'application à la queſtion
qui nous occupe dans ce moment.

Le numéraire exiſtant en France n'excède pas beaucoup deux milliards. Ainſi, créer deux milliards d'aſſignats, & les mettre en circulation, c'eſt doubler le numéraire du Royaume. Je n'examinerai pas dans ce moment ſi l'aſſignat perdra contre argent; je ſuppoſerai au contraire qu'il aura exactement la même valeur, qu'il ſera lui-même des écus : c'eſt tout ce que je puis ſuppoſer de plus favorable.

Il eſt évident que ſi toutes choſes demeuroient dans le même état, le doublement ſubit de la quantité du numéraire occaſionneroit, dans le premier moment, *au moins* un doublement de la valeur de tous les objets commerçables, & que les biens fonds, comme toutes les propriétés mobiliaires & immobiliaires, ſe trouveroient compris dans cette augmentation ; c'eſt-à-dire, en d'autres termes, que l'argent perdroit moitié de ſa valeur, & qu'il faudroit au moins deux écus pour faire le même office qu'un ſeul écu faiſoit précédemment. J'obſerve ici premièrement que s'il eſt prouvé que l'écu perdroit moitié, à plus forte raiſon l'aſſignat, qui ne peut jamais avoir une valeur ſupérieure à l'écu, mais qui peut en avoir une moindre, parce qu'il ne peut pas ſatisfaire à tous les mêmes beſoins.

J'obferve en fecond lieu que ce n'eft pas fans raifon que j'ai dit que l'écu perdroit *au moins* moitié de fa valeur : car à l'effet phyfique fe joindroit l'effet moral ; au mal réel s'ajouteroit celui de la crainte & de l'opinion, & il en réfulteroit que l'écu ou l'affignat perdroient réellement plus de moitié, ou de cinquante pour cent.

Tel feroit l'effet d'une émiffion de deux milliards d'affignats, fi, comme je l'ai fuppofé, toutes chofes *demeuroient d'ailleurs égales* ; mais il n'en eft pas ainfi dans le cas particulier que nous avons à difcuter ; car tandis que d'une main la nation augmente la maffe du numéraire, elle met de l'autre dans le commerce une quantité de biens fonds, de domaines territoriaux équivalens, ou du moins préfumés tels : & les partifans d'une émiffion auffi confidérable d'affignats en concluent qu'il doit y avoir équilibre, & qu'il ne doit y avoir aucune augmentation dans les prix.

Je leur répondrai que pour qu'il y eût équilibre, comme ils le fuppofent, il faudroit que l'affignat, dès qu'il eft créé, allât fur le champ s'éteindre par l'acquifition d'un bien territorial, & c'eft ce qui n'eft pas poffible.

Il faut un temps plus ou moins long pour

la liquidation de la dette exigible, pour les li-
quidations & les transactions entre les particuliers, qui en seront la suite : il faut aux acheteurs
un tems donné pour visiter, comparer, consul-
ter leurs convenances sur l'acquisition des Domaines. Il ne conviendra pas à tous de payer
comptant, & les décrets de l'Assemblée Nationale les autorisent à des paiements progressifs.
Si donc, comme on paroît le proposer, on met-
toit à la fois en circulation la totalité des deux
milliards d'assignats, il en résulteroit pendant
plusieurs années, non pas précisément l'effet d'un
doublement du numéraire, non pas une augmentation de moitié dans la valeur de toutes choses,
mais une augmentation dans la proportion d'un
quart, d'un tiers, plus ou moins, suivant que
les Domaines nationaux se vendroient plus ou
moins promptement.

Je ne serai pas, je crois, taxé d'exagération
en évaluant à vingt-cinq pour cent le résultat de
cet effet : il peut être plus considérable ; mais il
ne peut être moindre. Ainsi toutes les marchan-
dises, toutes les denrées, toutes les propriétés
mobiliaires & immobiliaires du Royaume, tous
les salaires, toutes les main-d'œuvres augmen-
teroient de vingt-cinq pour cent. Or, je vous le
demande, Messieurs, comment nos manufac-

tures , grèvées d'une forte d'impôt de vingt-cinq pour cent , pourroient-elles foutenir la concurrence avec les fabriques étrangères ? Non-feulement nous n'exporterions plus rien , mais encore nos voifins , dont la main-d'œuvre n'auroit pas éprouvé le même renchériffement , inonderoient nos Provinces de marchandifes étrangères , en forte que notre commerce feroit ruiné de fond en comble.

Cet état de détreffe , m'oppofera-t-on peut-être , ne dureroit que jufqu'au moment où le trop plein de notre numéraire fe feroit écoulé , & qu'il fe feroit mis au niveau avec celui des nations voifines. J'en conviendrois fans peine fi c'étoit en argent effectif que l'augmentation de numéraire avoit été effectuée.

Mais je vous prie de confidérer que dans la circonftance où nous fuppofons que fe trouveroit l'Etat, la moitié de fon numéraire feroit en papier. Or ce ne feroit certainement pas avec du papier , qui n'a qu'une valeur repréfentative , que fe folderoient nos comptes avec l'étranger ; ce feroit notre numéraire effectif , nos écus , qui fortiroient du Royaume ; en forte que dans un efpace de temps plus ou moins long , il ne refteroit plus en France que du papier. Enfin , comme

me ce papier iroit s'éteindre lui-même en se pla-
çant dans les achats de Domaines nationaux, la
France arriveroit à un terme où elle n'auroit,
ni suffisamment de numéraire effectif, ni suffisamment de papier pour les opérations de son
commerce.

Qui pourroit calculer les funestes effets de
cette double crise? qui pourroit déterminer le
nombre des fabriques anéanties, des ouvriers
sans subsistances, des citoyens expatriés, qui por-
teroient leur industrie à l'étranger? Qui pourroit
évaluer ce que l'Etat perdroit en force, en richesses, en population, en prospérité?

Je sais que ces calamités passagères préparent
quelquefois pour l'avenir la prospérité des Nations, & que, comme tout tend à l'équilibre,
l'Empire François, sous une constitution libre,
reprendroit peut-être en un demi-siècle le dégré
de richesse & de prospérité qui convient à sa
position & à l'étendue de son territoire. Mais
un demi-siècle, Messieurs, comprend au moins
deux générations : or, je le demande, est-ce
pour les générations futures que nous avons
nommé des représentans? Les représentans de
la génération présente pourroient-ils, oseroient-ils
se permettre d'acheter le bonheur & la prospérité

B

des générations à venir, par le sacrifice de deux générations entières ?

Mais sans insister sur tous ces inconvéniens, il suffit qu'une émission aussi considérable d'assignats soit inutile; il suffit qu'on puisse remplir le même objet, sans jouer, d'une manière aussi hasardeuse, la fortune publique & le bonheur des particuliers, pour qu'il faille repousser ce moyen imposant, mais gigantesque. Cependant avant de m'engager dans cette discussion, je dois dire un mot du second plan qui a été proposé, & qui consiste à admettre dans l'acquisition des Domaines nationaux tous les titres de créance exigibles & arriérés sans en changer la nature. Cette idée se présente d'une manière heureuse & simple ; elle n'emploie aucune contrainte ; elle ne comporte que des stipulations libres, & sous ce point de vue elle semble plus conforme aux principes de l'Assemblée Nationale, qui sont ceux de la justice. La nouvelle circulation qu'elle établit, constitue en quelque façon une monnoie particulière, uniquement applicable à la vente des biens Domaniaux; & comme cette monnoie n'a cours que pour cet objet, comme elle est exclue des stipulations ordinaires, elle n'altéreroit ni le prix des

subsistances, ni celui d'aucune des valeurs &
des propriétés : l'ordre social, le commerce,
l'agriculture, l'industrie n'en recevroient donc
aucune atteinte. Cependant ce plan tout heureux
qu'il paroît n'a pas été calculé jusques dans ses
détails; & quelques instans de réflexion feront
connoître que tel qu'il est présenté, il a des
difficultés insurmontables ; que s'il ne trouble
pas l'ordre social, considéré dans son ensemble,
il le troubleroit dans ses détails par le grand
nombre de malheurs particuliers qui en seroient
la suite nécessaire.

Il faut considérer que le plus grand nombre
des titulaires d'offices de judicature & de finance,
presque tous ceux qui ont fourni des cautionnemens & des fonds d'avance, ne sont pas les
vrais propriétaires, les véritables créanciers de
l'état ; ils ont des prêteurs qui souvent ont les
leurs ; en sorte qu'un nombre infini de stipulations particulières sont en quelque façon entrées
sur la dette publique & se ramifient dans toutes
les parties de la société. Libérer l'Etat envers
ses créanciers sans mettre les créanciers de
l'Etat à portée de se libérer avec les leurs,
seroit une injustice. Cette libération d'ailleurs
quelque simple qu'elle puisse paroître, même
en ne considérant que celle de l'Etat, seroit

hériffée de difficultés & l'effet en feroit continuelle-
ment fufpendu par des oppofitions juridiques qui
empêcheroient de paffer outre, fans attaquer
des droits & des propriétés.

Ces réflexions & ces difficultés ne font point
applicables, il eft vrai, à la portion de la dette
exigible qui eft payable au porteur : auffi eft-ce
principalement des offices fupprimés, des
cautionnemens, des fonds d'avance, de ce qui
eft dû aux fourniffeurs &c., dont j'entends
parler ici, & l'on conviendra que ces objets
comprennent une partie très-confidérable de la
dette arriérée ou exigible.

Admettre d'ailleurs indiftinctement tous les
titres de créance dans l'acquifition des biens
domaniaux, feroit une chofe abfolument impof-
fible ; parce qu'avant d'admettre une créance,
il faut qu'elle foit liquidée, & que tout prétexte
de difficulté fur fa valeur foit levé entre le
débiteur & le créancier : or, il eft un grand
nombre d'offices de judicature dont les finances
font fufceptibles d'évaluations arbitraires. D'un
autre côté les offices de finances, les cautionnemens, les fonds d'avance des compagnies, ne
peuvent être rembourfés qu'après l'apurement
des comptes, qu'après qu'on aura rempli une
foule de formalités longues, embarraffantes, mais

indifpenfables. C'eft donc encore un nouveau motif pour admettre une diftinction entre les effets
fufceptibles d'oppofitions, tels que ceux que
j'ai énoncés ci-deffus & ceux qui font payables
au porteur, tels que l'emprunt de cent-vingt-
cinq millions, les borderaux des emprunts non
conftitués, les billets de loterie, les annuités &c.
Les premiers ont befoin d'une liquidation,
d'un échange du premier titre : fe refufer à ce
préalable néceffaire, ce feroit porter la confufion
dans toutes les parties, ce feroit expofer le
tréfor public à faire des rembourfemens hazardés.

La première de toutes les opérations à faire
eft donc de convertir tous les titres de créance
non liquides, en quittance de finance. Je me
fers de cette expreffion comme de la plus ufitée
& comme de la plus propre à me faire entendre :
car ces titres font fufceptibles de différentes
formes, comme de différens noms. Ces quittances
de finance ne doivent point être un effet au porteur;
elles doivent être fufceptibles de toutes oppofitions
au Greffe des hypothèques & autres, comme
le font les offices, les cautionnemens ou autres
titres de créance qu'elles doivent remplacer;
de manière que tous les droits des créanciers
en feconde & troifième ligne foient confervés.
On pourroit les couper en autant de parties que

les propriétaires le jugeroient à propos , jufqu'à
concurrence cependant d'une fomme déterminée ,
afin qu'ils pûffent s'en aider vis-à-vis de leurs
créanciers. Mais j'infifte pour que ces arrange-
gemens particuliers foient purement volontaires ;
car on fent que fi on autorifoit les créanciers de
l'Etat à donner pour comptant à leurs créanciers
les quittances de finances qu'ils auroient reçues
du tréfor public , on ne pourroit refufer le
même droit à ceux-ci , & de même de proche
en proche : alors les quittances de finances
deviendroient des effets forcés qui pafferoient
de main en main dans toutes les claffes de là
fociété ; ce feroit de véritables affignats fous
un autre nom , & l'on retomberoit dans tous les
inconvéniens qu'on veut éviter.

Je prie donc de confidérer les quittances de
finance comme un genre de promeffe fubftituée
à une autre ; comme un gage qui doit faire la
fûreté du créancier de l'Etat , comme de tous
ceux qui ont des droits à exercer fur lui ; enfin,
fi je ne me trompe , cette première opération
eft indifpenfable dans tous les plans qu'on
peut adopter , même dans celui d'une émiffion
de deux milliards d'affignats.

Si ces quittances de finance , portoient un
intérêt trop fort , aucun motif n'engageroit les

propriétaires à les employer dans l'acquisition des Domaines nationaux. On pourroit leur attacher un intérêt de quatre ou de trois pour cent pendant la première année, & le rendre décroissant dans les suivantes.

Ces quittances de finances, pourvu toutefois qu'elles fussent purgées de toute opposition, seroient reçues comme deniers comptans pour la somme qu'elles énonceroient dans l'acquisition des biens nationaux ; il en seroit de même de tous les titres de créances exigibles ou arriérées, payables au porteur, qui auroient été désignées par les décrets de l'Assemblée Nationale.

Ces dispositions qui sont puisées dans la motion de M. l'Evêque d'Autun, amèneront nécessairement le retrait d'un assez grand nombre de titres de créances, qui viendront s'échanger librement & volontairement contre des biens domaniaux. Exiger que ces titres fussent préalablement remboursés en assignats, seroit une double opération parfaitement inutile, ce seroit s'exposer sans objet à tous les inconvéniens qu'entraîne l'émission d'une surabondance de numéraire.

Je demande ensuite que tous les titres de créance, quittances de finances & autres, qui n'auroient pas été retirés & éteints pendant la première année par l'acquisition des Domaines

B 4

nationaux , foient remboursés en quatre paiemens égaux pendant l'efpace de quatre années ;
à raifon de deux ou trois cents millions par an.
Ces rembourfemens s'opéreroien. fur le produit de la vente des biens domaniaux , &
voici comment les fonds en feroient faits.

L'Affemblée Nationale a déjà décrété une
émiffion de quatre cents millions d'affignats ,
il s'en faut peu qu'ils ne foient déja tous
en circulation. Les befoins de la fin de cette
année , & des premiers mois de la prochaine,
le retard de la rentrée de l'impôt , la dépenfe
néceffaire pour les armemens, exigeront encore
une nouvelle émiffion de 350 millions d'affignats;
enfin , on ne peut fe difpenfer d'accélérer le
paiement des rentes & des arrérages arriérés ,
de donner de forts à-comptes aux fourniffeurs
& d'entrer en paiement fur plufieurs parties
de la dette exigible. Si on additionne tous ces
objets , on verra que même en ne donnant à
chacun d'eux qu'une évaluation modérée , il ne fera
pas poffible de les remplir tous fans une nouvelle
création de 500 millions d'affignats , qui feront
mis fucceffivement en circulation pendant la fin
de cette année & le cours de la prochaine. Il
fe trouvera donc tout naturellement , & fans qu'il
foit poffible de l'éviter à la fin de 1791 , pour

neuf cent millions d'assignats dans le public. Or , cette somme étant déjà beaucoup plus considérable que la circulation ne peut le comporter , on ne peut douter que les porteurs n'aient un grand empressement de les échanger contre des Domaines nationaux. Ainsi indépendamment des quittances de finances & autres titres qui seront retirés directement par la vente, la caisse de l'extraordinaire recevra encore pendant le cours de 1791 une somme plus ou moins considérable d'assignats qui servira aux remboursemens indiqués pour le cours de l'année suivante.

Peu importe , comme l'on voit, que la caisse de l'extraordinaire reçoive pendant la premiere année une proportion plus ou moins forte d'assignats & de quittances de finance; car plus elle auroit reçu de quittances de finance , moins elle auroit de remboursemens à faire pendant les années suivantes, ce seroit réellement un remboursement anticipé qu'elle auroit fait.

Ainsi , dans ce plan , trois grandes opérations marcheroient à la fois pendant le cours de l'année 1791.

1°. L'émission successive des assignats à mesure des besoins publics , jusqu'à la concurrence de 500 millions , lesquels 500 millions , ajoutés aux 400 autres millions déjà décrétés & mis en

circulation, formeroient un total de 900 millions.

2°. La converſion de la dette exigible & arriérée non liquidée, en quittances de finance,
rembourſables en aſſignats pendant les années
1792, 1793, 1794 & 1795. On a déjà énoncé
plus haut les motifs qui portent à croire qu'elle
n'excède pas 1200 millions : les rembourſe-
mens par quarts & par année ne pourroient donc
pas s'élever au-deſſus de 300 millions, & il y
auroit à déduire ſur cette ſomme tout ce qui
auroit été reçu en paiement pendant la premiere année.

3°. La vente des biens domaniaux, qui s'o-
péreroit pendant toute l'année 1791, & dont
le produit formeroit le fond du remboursement
de 1792.

Ce plan, à le bien prendre, n'eſt autre choſe
que celui préſenté par le Comité des finances,
dans ſon rapport du 27 Août, & qui a été ap-
puyé par M. de Mirabeau. J'y propoſe ſeule-
ment trois amendemens. Le premier conſiſte à
faire en quatre ans ce qu'on ſemble propoſer
de ne faire qu'en une ſeule année, & je regarde
comme impoſſible, dans quelque ſuppoſition
que ce ſoit, de réaliſer en moins de quatre ou
cinq ans une opération auſſi difficile & auſſi
compliquée.

Le second amendement consiste à réduire à l'indispensable le remboursement de la dette exigible & arriérée. L'incertitude où l'on est encore sur la véritable valeur des Domaines nationaux ; la probabilité que le capital de ces Domaines ne s'élève pas à une somme à beaucoup près aussi considérable qu'on le croit communément, en fait une loi, & je ne vois pas ce qu'on gagneroit à faire parade de principes d'une équité trop rigoureuse, dont on ne pourroit faire l'application dans ce moment, sans commettre des injustices d'un genre plus grave envers d'autres membres de la société.

Il est à présumer que cinq cents millions d'assignats, ajoutés à la circulation actuelle, changeront peu la proportion des prix, sur-tout si l'on considère qu'il sera mis en même-tems dans le commerce & dans la circulation, une somme beaucoup plus considérable de richesses par la vente de 1800 millions de Domaines nationaux.

Les assignats, portés à 900 millions, éprouveront bien quelque discrédit, quelque perte, sur-tout pendant les années 1791 & 1792 ; mais ce discrédit, qui seroit le plus fâcheux de tous les fléaux s'il étoit porté trop loin, deviendra un véhicule très-propre à faciliter la vente des Domaines nationaux.

Il ne faut pas se dissimuler qu'il est possible qu'à la fin de 1795 il reste encore pour une somme considérable d'assignats à rembourser ; mais peu importe, pourvu qu'il reste toujours pour y faire face une somme au moins équivalente de Domaines nationaux. Mais ce que je crois beaucoup plus probable, c'est que l'empressement qu'auront les porteurs d'assignats de les réaliser contre des Domaines nationaux, accélérera au contraire le terme des opérations, & mettra la caisse de l'extraordinaire en état d'augmenter chaque année la somme destinée au remboursement. On augmenteroit beaucoup l'empressement ou plutôt la nécessité d'acheter, si l'on se déterminoit à n'attacher aucun intérêt aux assignats.

La marche progressive que je propose, est parfaitement conforme aux principes de justice & de liberté qui dirigent l'Assemblée Nationale, puisque chacun sera libre, suivant ses convenances, ou de placer son titre de créance en acquisition de Domaines Nationaux, ou d'en toucher le montant à l'époque indiquée pour son remboursement ; Elle ne portera atteinte ni à l'industrie, ni au commerce national, ni à nos relations avec l'étranger. L'harmonie ſociale, ni l'ordre des prix ne ſeront point troublés. Trois circulations s'établiront à la fois ſans ſe croiſer & ſans ſe nuire; 1°. celle des aſſignats pour toutes les ſtipulations habituelles, & pour le paiement d'une partie de l'impôt; 2°. la circulation des quittances de finance & autres titres de créance de la dette exigible, dont l'emploi ſe bornera à l'acquiſition des Domaines nationaux; 3°. enfin la circulation en eſpèces & en monnoies métalliques pour tous les paiemens au-deſſous de 200 liv. On ne peut donner trop d'éloges à la ſûreté des principes qui ont dirigé juſqu'ici l'Aſſemblée Nationale ſur ce dernier objet, & au courage avec lequel elle a repouſſé les demandes qui lui ont été faites d'une émiſſion de billets au-deſſous de 200 liv. Il eſt commode ſans doute pour l'homme riche, qui reçoit ſes revenus en papier de payer avec la même monnoie le journalier & le fourniſſeur: mais l'Aſſemblée Nationale, dont les ſollicitudes ont toujours pour objet le bonheur du peuple a ſoigneuſement écarté de la claſſe indigente les inconvéniens du papier-monnoie. Quel que ſoit donc le parti qui ſera pris relativement aux aſſignats, il eſt à ſouhaiter que l'Aſſemblée ne permette qu'à la dernière extrémité & dans le cas d'une abſence totale de numéraire l'émiſſion d'aſſignats au - deſſous de la ſomme de 200 livres ; alors comme les ſtipulations ſupérieures à 200 liv. ne ſe font communément que dans une ſphère à laquelle le journalier, l'homme du peuple en ur mot, plus des trois quarts des habitans du Royaume ne peuvent atteindre ; ſi la trop grande quantité d'aſſignats en émiſſion cauſoit des déſordres, la claſſe la plus nombreuſe des Citoyens, celle que nous devons le plus reſpecter, puiſqu'elle eſt la plus ſouffrante, n'en ſeroit point atteinte.

Il eſt inutile de ſuivre plus loin les détails du plan de liquidation que je propoſe : c'eſt celui du Comité des Finances, c'eſt celui de M. de Mirabeau, c'eſt celui de M. l'Evêque d'Autun, & cependant ce n'eſt préciſément aucun d'eux : il n'eſt, à proprement parler, qu'un amendement de tous ; il marche entr'eux, en évitant les précipices ouverts de toutes parts. Enfin, en le réduiſant à ſon énoncé le plus ſimple, il conſiſte à dire qu'il ne faut mettre en circulation que le moins d'aſſignats qu'il ſera poſſible, qu'à meſure qu'on y ſera forcé par la néceſſité des circonſtances, & qu'on ne peut pas les porter ſans les plus grands riſques au-delà de 800 millions ou un milliard ; que cette émiſſion doit être ſucceſſive & lente ; que le même aſſignat

qui fera rentré par la vente des Domaines Nationaux peut fervir à faire d'autres rembourfemens & rentrer de nouveau par de nouvelles
ventes ; de même qu'un écu, qu'un fac d'argent,
circule & rentre plufieurs fois dans la même
caiffe pendant le cours d'une année, d'un mois,
d'une femaine, fans qu'on fe foit jamais avifé
de propofer de le refondre à chaque fois pour
en former de nouveaux écus.

J'ofe prédire, que fi contre toute apparence,
le plan d'une émiffion immodérée d'affignats
étoit adopté, ce plan, par la lenteur de la
marche des affaires, par la longueur du tems
qui fera néceffaire pour fabriquer les affignats,
pour confommer la liquidation de la dette
exigible ou arriérée, pour opérer l'apurement
des comptes qui doivent la précéder, pour ex-
pédier les quittances de finances ; enfin par
les délais qu'entraîneront les ftipulations particulières & l'héfitation des créanciers de l'Etat
fur le choix des Domaines Nationaux ; que ce
plan, dis-je, quel qu'il foit, fera modifié dans
fon exécution, & que la force des chofes & la
néceffité impérieufe des circonftances le ramè-
neront à celui que je propofe.

PROJET DE DÉCRET POUR LA LIQUIDATION DE LA DETTE EXIGIBLE OU ARRIÉRÉE.

L'Aſſemblée Nationale a décrété & décrète ce qui ſuit :

ARTICLE I.

Les titres de créances qui feront partie de la dette exigible & arriérée, ſeront 1°. (*énonciation des titres*).

ART. II.

Les Offices de Judicature, de Finance, & en général tous les titres de créance ſuſceptibles d'oppoſition & qui ne ſeront pas au porteur, ſeront liquidés dans la forme qui ſera preſcrite ; & auſſi-tôt que la finance en aura été fixée, elles ſeront rembourſées en quittances de finances portant .... pour cent d'intérêt. Ledit rembourſement n'aura lieu, relativement aux Offices comptables & aux cautionnemens, qu'après que les comptables auront juſtifié de la reddition & de l'apurement de leurs comptes.

ART. III.

Leſdites quittances de finances ſeront paſſibles
de

de toutes les mêmes oppofitions que le titre originaire ; mais ceux qui auront droit de les former ne pourront refufer leur confentement à la conceffion, fauf la réferve de tous leurs droits.

A r t. I V.

Les quittances de finance qui auront été données en remboursement, & fur lesquelles il n'exiftera point d'oppofitions, enfemble tous les titres de finance liquides compris dans l'article premier du préfent Décret, feront reçus pour comptant concurremment avec les affignats & les efpèces dans l'acquifition des Domaines Nationaux.

A r t. V.

Il ne fera rien innové quant à l'époque de l'exigibilité des fonds d'avance des Compagnies de finance, & jufqu'à cette époque les Membres defdites Compagnies jouiront de l'intérêt à cinq pour cent defdites avances, enfemble des émolumens attribués provifoirement à leur travail par les Décrets de l'Affemblée Nationale.

A r t. V I.

Pourront néanmoins les propriétaires defdits fonds d'avance en demander la converfion en quittances de finance avant l'époque de l'exigibilité defdits titres. Et les quittances de finances qui leur feront données en échange feront également admifes comme comptant dans l'acquifition des Domaines Nationaux.

Art. VII.

Les quittances de finance & autres titres de créance qui n'auront pas été éteints par l'acquifition des Domaines Nationaux pendant le cours de l'année 1791, feront remboursés en affignats en quatre paiemens égaux, pendant le cours des années 1792, 1793, 1794 & 1795.

Art. VIII.

Les affignats qui, à l'époque du premier Juillet 1796, n'auroient pas été éteints par l'acquifition des Domaines Nationaux, cesseront à cette époque d'avoir un cours forcé; mais ils feront reçus pour comptant dans un emprunt qui fera ouvert à cet effet en contrats portant trois pour cent d'intérêt, & ne pourra ledit emprunt excéder la fomme des affignats qui resteront alors en circulation.

Art. IX.

Il fera créé, pendant le cours de cette année & de la prochaine, une quantité d'affignats fuffifante pour fatisfaire aux befoins publics;

sans que néanmoins la quantité qui sera mise à-la-fois en circulation puisse jamais excéder neuf cents millions, y compris les quatre cents millions précédemment décrétés.

A r t. X.

Les mêmes assignats qui seront rentrés par la vente des Domaines Nationaux, pourront être remis en circulation & employés en remboursement, d'après les formes qui seront prescrites. Mais la somme totale qui sera successivement mise & remise en émission, ne pourra excéder dix-huit cents millions.

A r t. X I.

L'intérêt de trois pour cent attaché aux quatre cents millions d'assignats, précédemment décrétés, seront payés au premier Janvier prochain à la Caisse de l'Extraordinaire; & passé cette époque ils ne jouiront plus d'aucun intérêt, non plus que ceux dont la création est autorisée par le présent Décret.

A Paris, chez CLOUSIER, Imprimeur du ROI, rue de Sorbonne.